Petit Traité de Solfège

Théorique & Pratique

par M. Marx Lambert

Chapitre I.

Tableau I

Chapitre II

Des différentes clefs et de leur emploi

Tableau II

Chapitre III

Tableau III

Chapitre IV

Tableau IV.

Chapitre V

De la Monnaie

Tableau V

Chapitre VI

Tabulatura VI

Chapitre VII

Tableau VII

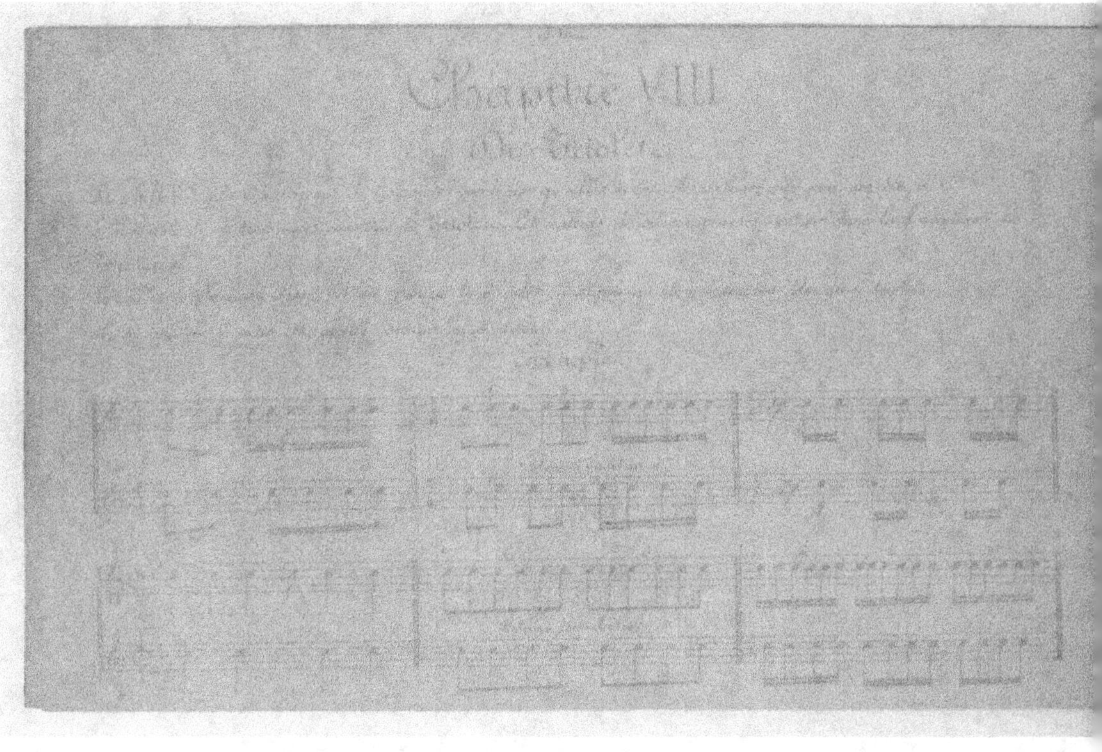

Chapitre VIII

Tableau VIII

Chapitre IX

Tableau IX

Chapitre X

Tableau X

Chapitre XI

Tableau XI

Chapitre XII

Tableau VII

Chapitre XIII

De la Gamme chromatique

Exemple

Exemple

Exemple

Tableau XIII

Chapitre XIV

Tableau XIV

Chapitre XI

Tabulatura XV

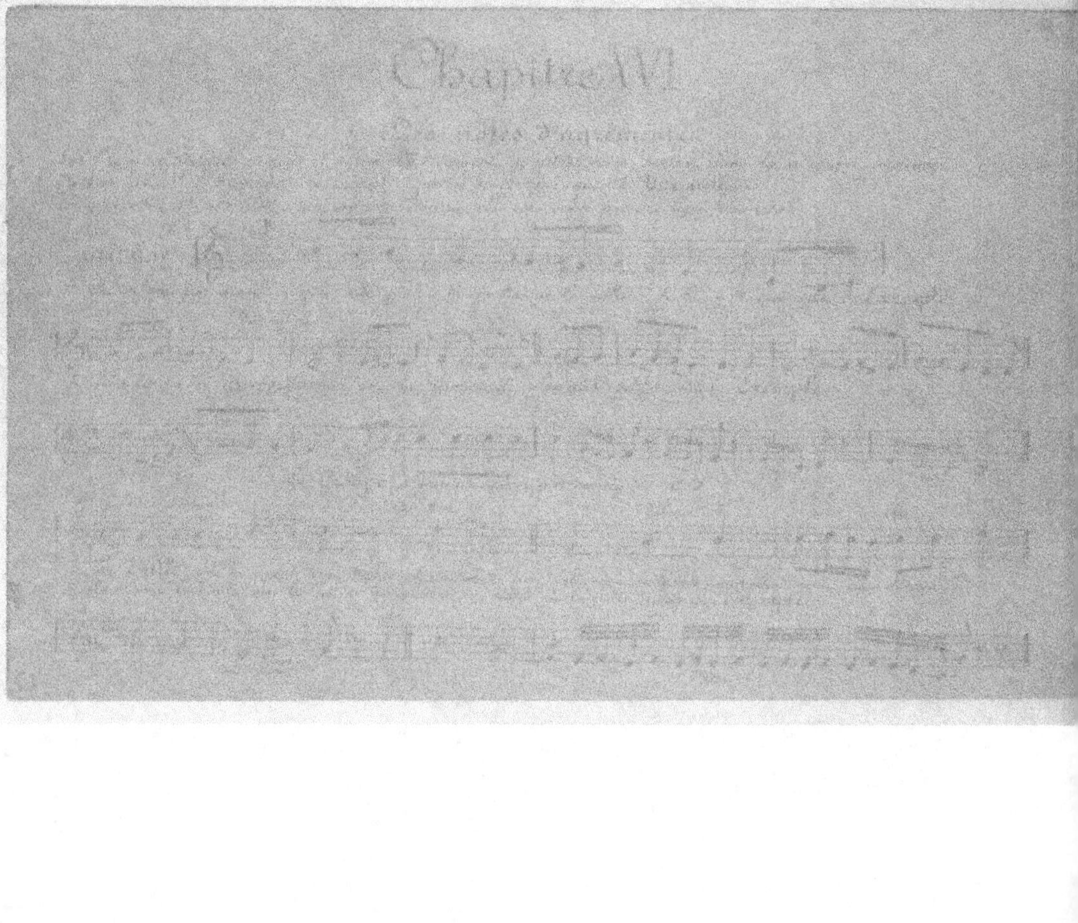

Chapitre IV

Chapitre XVII

Exemple

Exemple

Tabulat. XVII

Fughetta XVIII

Tableau XVIII

Chapitre XIX

Tableau XIV

Chapitre XX

Tableau XI

Chapter XXI

Tableau XXI

Chapitre XVII

Tableau XVII